AF211795

Willkommen

in Deinem

Achtsamkeit Heft

_____

Hier darf dein Namen stehen

© 2025 Ela Grieg
Verlag: BoD · Books on Demand GmbH,
Überseering 33, 22297 Hamburg, bod@bod.de
Druck: Libri Plureos GmbH, Friedensallee 273,
22263 Hamburg
ISBN: 978-3-8192-4825-2

Inhaltsverzeichnis:

Was ist Achtsamkeit?

Achtsamkeit ist etwas, was es eigentlich schon lange gibt, aber keiner so richtig versteht. **HÖR AUF DEINEN KÖRPER!**

Nimm die Zeichen wahr, die er Dir sagt.

Nimm Dir Zeit für Dich! Es reicht schon, einfach einmal 5 Minuten nur dazusitzen und nichts zu tun. Einfach nur ins Leere schauen.

Für mich war der Wendepunkt ein Autounfall und 4 Jahre starke Schmerzen. Hier habe ich angefangen mehr auf meinen Körper zu hören. Was sagt er mir, gehe ich über den Schmerz oder mache ich einfach mal nichts.

Es hat mir geholfen, einfach alles einmal aufzuschreiben. Was mag mein Körper, was mag ich von meinem Körper. Was muss ich im Alltag ändern, um mehr auf mich zu hören? Wie reflektiere ich mich selbst richtig.

Das war ein langer Weg, aber er hat mir gutgetan. Er hat mir gezeigt, dass ich WICHTIG bin und ich mir mehr

ZEIT für MICH

nehmen muss.

Dieses Heft soll dich begleiten mehr Ruhe, Klarheit und Selbstverbindung in deinen Alltag zu bringen.

Du brauchst dazu nur wenige Minuten am Tag. In dieser Zeit kannst du mit gezielten Fragen, Übungen und Reflexionen mehr Achtsamkeit entwickeln.

Achtsamkeit bedeutet nicht, dass alles immer ruhig und perfekt sein muss.

Es bedeutet eher, etwas bewusst wahrzunehmen und mit diesem bewusst umzugehen.

So nutzt du dieses Heft

Nimm dir täglich 5 - 10 Minuten Zeit. Ein ruhiges Plätzchen, einen Stift und etwas zu trinken.

Jede Woche enthält:

- tägliche Reflexion
- Platz für Dankbarkeit und Gefühle
- Übungen

Du kannst die Seiten frei nutzen. Es gibt hier kein richtig und kein falsch. Jeder Mensch ist individuell.
Alles, was du notierst, ist richtig, wenn es dir hilft.

**Viel Spaß dabei und
viele tolle Momente,
die du ganz individuell
für dich erlebst.**

Beispiel wie du das Buch führen könntest

Tag 1 - Morgens

Heute bin ich dankbar für:
Ich hatte einen erholsamen Schlaf, hatte keine Schmerzen in der Schulter und bin nicht aufgewacht.

Das würde ich heute gerne ganz bewusst tun:
In Ruhe, ohne Handy, eine Runde am Strand spazieren gehen und den Tag ausklingen lassen

Mein Energielevel von 1 - 10:
6

Mein Satz, der mich heute stärkt und voranbringt:
Ich darf mir Zeit lassen. Ich muss mich nicht hetzten.

Tag 1 - Abends

Das war heute schön:
Ich habe ein tolles Gespräch mit meinem Arzt gehabt, der mir sagte: Es geht bergauf

Ein Gefühl, dass ich heute gefühlt habe:
Dankbarkeit

Dafür bin ich heute stolz auf mich:
Ich konnte mich ohne Hilfe anziehen

Was bringt mich weiter:
tägliche Übungen helfen mir sehr

Mit welchem Gefühl lasse ich den Tag ausklingen
Ich bin wieder ein Stück weiter gekommen. Auf mich zu hören und mich zu fühlen.

* das ist aus meinem Buch - dient nur zur Erklärung

Tag 1 - Morgens

Heute bin ich dankbar für:

Das würde ich heute gerne ganz bewusst tun:

Mein Energielevel von 1-10:

Mein Satz, der mich heute stärkt und voranbringt:

Tag 1 - Abends

Das war heute schön:

Ein Gefühl, dass ich heute gefühlt habe:

Dafür bin ich heute stolz auf mich:

Was bringt mich weiter:

Mit welchem Gefühl lasse ich den Tag ausklingen

so war mein Tag

Tag 2 - Morgens

Heute bin ich dankbar für:

Das würde ich heute gerne ganz bewusst tun:

Mein Energielevel von 1-10:

Mein Satz, der mich heute stärkt und voranbringt:

Tag 2 - Abends

Das war heute schön:

Ein Gefühl, dass ich heute gefühlt habe:

Dafür bin ich heute stolz auf mich:

Was bringt mich weiter:

Mit welchem Gefühl lasse ich den Tag ausklingen

so war mein Tag

Tag 3 - Morgens

Heute bin ich dankbar für:

Das würde ich heute gerne ganz bewusst tun:

Mein Energielevel von 1-10:

Mein Satz, der mich heute stärkt und voranbringt:

Tag 3 - Abends

Das war heute schön:

Ein Gefühl, dass ich heute gefühlt habe:

Dafür bin ich heute stolz auf mich:

Was bringt mich weiter:

Mit welchem Gefühl lasse ich den Tag ausklingen

so war mein Tag

Tag 4 - Morgens

Heute bin ich dankbar für:

Das würde ich heute gerne ganz bewusst tun:

Mein Energielevel von 1-10:

Mein Satz, der mich heute stärkt und voranbringt:

Tag 4 - Abends

Das war heute schön:

Ein Gefühl, dass ich heute gefühlt habe:

Dafür bin ich heute stolz auf mich:

Was bringt mich weiter:

Mit welchem Gefühl lasse ich den Tag ausklingen

so war mein Tag

Tag 5 - Morgens

Heute bin ich dankbar für:

Das würde ich heute gerne ganz bewusst tun:

Mein Energielevel von 1-10:

Mein Satz, der mich heute stärkt und voranbringt:

Tag 5 - Abends

Das war heute schön:

Ein Gefühl, dass ich heute gefühlt habe:

Dafür bin ich heute stolz auf mich:

Was bringt mich weiter:

Mit welchem Gefühl lasse ich den Tag ausklingen

so war mein Tag

Tag 6 - Morgens

Heute bin ich dankbar für:

Das würde ich heute gerne ganz bewusst tun:

Mein Energielevel von 1-10:

Mein Satz, der mich heute stärkt und voranbringt:

Tag 6 - Abends

Das war heute schön:

Ein Gefühl, dass ich heute gefühlt habe:

Dafür bin ich heute stolz auf mich:

Was bringt mich weiter:

Mit welchem Gefühl lasse ich den Tag ausklingen

so war mein Tag

Tag 7 - Morgens

Heute bin ich dankbar für:

Das würde ich heute gerne ganz bewusst tun:

Mein Energielevel von 1-10:

Mein Satz, der mich heute stärkt und voranbringt:

Tag 7 - Abends

Das war heute schön:

Ein Gefühl, dass ich heute gefühlt habe:

Dafür bin ich heute stolz auf mich:

Was bringt mich weiter:

Mit welchem Gefühl lasse ich den Tag ausklingen

so war mein Tag

Woche 1 gemeistert ___ GLÜCKWUNSCH

Nehme dir für Heute 3 Sachen vor die du abhaken kannst:

♥ Trinke heute ein Glas Wasser ganz bewusst – ohne Ablenkung

♥ Gehe 10 Minuten ohne Handy spazieren

♥ Schreibe 5 Dinge auf, die du an deinem Körper liebst

♥ Beobachte deine Gedanken, ohne sie zu bewerten. Zwischen 2 und 5 Minuten

♥ Schreibe dir selbst einen Brief mit positiven Gedanken

♥ Setzte dich einfach irgendwo in die Natur und genieße diese ganz bewusst – Zeit: solange du möchtest

♥ Höre 15 Minuten Musik und schließe dabei die Augen

♥ Koche dir selbst ein 3-Gänge-Menü und genieße es

♥ Mache einen Wellnesstag bei Dir zu Hause oder in einem Spa

Tag 8 - Morgens

Heute bin ich dankbar für:

Das würde ich heute gerne ganz bewusst tun:

Mein Energielevel von 1-10:

Mein Satz, der mich heute stärkt und voranbringt:

Tag 8- Abends

<u>Das war heute schön:</u>

<u>Ein Gefühl, dass ich heute gefühlt habe:</u>

<u>Dafür bin ich heute stolz auf mich:</u>

<u>Was bringt mich weiter:</u>

<u>Mit welchem Gefühl lasse ich den Tag ausklingen</u>

so war mein Tag

23

Tag 9 - Morgens

Heute bin ich dankbar für:

Das würde ich heute gerne ganz bewusst tun:

Mein Energielevel von 1-10:

Mein Satz, der mich heute stärkt und voranbringt:

Tag 9 - Abends

Das war heute schön:

Ein Gefühl, dass ich heute gefühlt habe:

Dafür bin ich heute stolz auf mich:

Was bringt mich weiter:

Mit welchem Gefühl lasse ich den Tag ausklingen

so war mein Tag

25

Tag 10 - Morgens

Heute bin ich dankbar für:

Das würde ich heute gerne ganz bewusst tun:

Mein Energielevel von 1-10:

Mein Satz, der mich heute stärkt und voranbringt:

Tag 10 - Abends

Das war heute schön:

Ein Gefühl, dass ich heute gefühlt habe:

Dafür bin ich heute stolz auf mich:

Was bringt mich weiter:

Mit welchem Gefühl lasse ich den Tag ausklingen

so war mein Tag

Tag 11 - Morgens

Heute bin ich dankbar für:

Das würde ich heute gerne ganz bewusst tun:

Mein Energielevel von 1-10:

Mein Satz, der mich heute stärkt und voranbringt:

Tag 11 - Abends

Das war heute schön:

Ein Gefühl, dass ich heute gefühlt habe:

Dafür bin ich heute stolz auf mich:

Was bringt mich weiter:

Mit welchem Gefühl lasse ich den Tag ausklingen

so war mein Tag

Tag 12 - Morgens

Heute bin ich dankbar für:

Das würde ich heute gerne ganz bewusst tun:

Mein Energielevel von 1-10:

Mein Satz, der mich heute stärkt und voranbringt:

Tag 12 - Abends

Das war heute schön:

Ein Gefühl, dass ich heute gefühlt habe:

Dafür bin ich heute stolz auf mich:

Was bringt mich weiter:

Mit welchem Gefühl lasse ich den Tag ausklingen

so war mein Tag

Tag 13 - Morgens

Heute bin ich dankbar für:

Das würde ich heute gerne ganz bewusst tun:

Mein Energielevel von 1-10:

Mein Satz, der mich heute stärkt und voranbringt:

Tag 13 - Abends

Das war heute schön:

Ein Gefühl, dass ich heute gefühlt habe:

Dafür bin ich heute stolz auf mich:

Was bringt mich weiter:

Mit welchem Gefühl lasse ich den Tag ausklingen

so war mein Tag

Tag 14 - Morgens

Heute bin ich dankbar für:

Das würde ich heute gerne ganz bewusst tun:

Mein Energielevel von 1-10:

Mein Satz, der mich heute stärkt und voranbringt:

Tag 14 - Abends

Das war heute schön:

Ein Gefühl, dass ich heute gefühlt habe:

Dafür bin ich heute stolz auf mich:

Was bringt mich weiter:

Mit welchem Gefühl lasse ich den Tag ausklingen

so war mein Tag

Woche 2 gemeistert ___ GLÜCKWUNSCH

Beantworte 3 Fragen und hake sie ab:

- ♥   Was beschäftigt mich gerade und warum?

- ♥   Welche Gedanken rauben mir den Schlaf?

- ♥   Was tut mir gut und wie kann ich das öfters fühlen

- ♥   Wann habe ich mich zuletzt richtig lebendig gefühlt

- ♥   Wofür bin ich mir selbst dankbar

- ♥   Was möchte ich in meinem Leben pflegen und wie setze ich das um

Hier hast Du Platz für Deine Antworten

Tag 15 - Morgens

Heute bin ich dankbar für:

Das würde ich heute gerne ganz bewusst tun:

Mein Energielevel von 1-10:

Mein Satz, der mich heute stärkt und voranbringt:

Tag 15 - Abends

Das war heute schön:

Ein Gefühl, dass ich heute gefühlt habe:

Dafür bin ich heute stolz auf mich:

Was bringt mich weiter:

Mit welchem Gefühl lasse ich den Tag ausklingen

so war mein Tag

Tag 16 - Morgens

Heute bin ich dankbar für:

Das würde ich heute gerne ganz bewusst tun:

Mein Energielevel von 1-10:

Mein Satz, der mich heute stärkt und voranbringt:

Tag 16 - Abends

<u>Das war heute schön:</u>

<u>Ein Gefühl, dass ich heute gefühlt habe:</u>

<u>Dafür bin ich heute stolz auf mich:</u>

<u>Was bringt mich weiter:</u>

<u>Mit welchem Gefühl lasse ich den Tag ausklingen</u>

so war mein Tag

Tag 17 - Morgens

Heute bin ich dankbar für:

Das würde ich heute gerne ganz bewusst tun:

Mein Energielevel von 1-10:

Mein Satz, der mich heute stärkt und voranbringt:

Tag 17 - Abends

Das war heute schön:

Ein Gefühl, dass ich heute gefühlt habe:

Dafür bin ich heute stolz auf mich:

Was bringt mich weiter:

Mit welchem Gefühl lasse ich den Tag ausklingen

so war mein Tag

Tag 18 - Morgens

Heute bin ich dankbar für:

Das würde ich heute gerne ganz bewusst tun:

Mein Energielevel von 1-10:

Mein Satz, der mich heute stärkt und voranbringt:

Tag 18 - Abends

Das war heute schön:

Ein Gefühl, dass ich heute gefühlt habe:

Dafür bin ich heute stolz auf mich:

Was bringt mich weiter:

Mit welchem Gefühl lasse ich den Tag ausklingen

so war mein Tag

Tag 19 - Morgens

Heute bin ich dankbar für:

Das würde ich heute gerne ganz bewusst tun:

Mein Energielevel von 1-10:

Mein Satz, der mich heute stärkt und voranbringt:

Tag 19 - Abends

Das war heute schön:

Ein Gefühl, dass ich heute gefühlt habe:

Dafür bin ich heute stolz auf mich:

Was bringt mich weiter:

Mit welchem Gefühl lasse ich den Tag ausklingen

so war mein Tag

Tag 20 - Morgens

Heute bin ich dankbar für:

Das würde ich heute gerne ganz bewusst tun:

Mein Energielevel von 1-10:

Mein Satz, der mich heute stärkt und voranbringt:

Tag 20 - Abends

Das war heute schön:

Ein Gefühl, dass ich heute gefühlt habe:

Dafür bin ich heute stolz auf mich:

Was bringt mich weiter:

Mit welchem Gefühl lasse ich den Tag ausklingen

so war mein Tag

Tag 21 - Morgens

Heute bin ich dankbar für:

Das würde ich heute gerne ganz bewusst tun:

Mein Energielevel von 1-10:

Mein Satz, der mich heute stärkt und voranbringt:

Tag 21 - Abends

Das war heute schön:

Ein Gefühl, dass ich heute gefühlt habe:

Dafür bin ich heute stolz auf mich:

Was bringt mich weiter:

Mit welchem Gefühl lasse ich den Tag ausklingen

so war mein Tag

Woche 3 gemeistert ____ GLÜCKWUNSCH

Nehme dir für Heute 3 Sachen vor die du abhaken kannst:

- ♥ Trinke heute ein Glas Wasser ganz bewusst – ohne Ablenkung

- ♥ Gehe 10 Minuten ohne Handy spazieren

- ♥ Schreibe 5 Dinge auf, die du an deinem Körper liebst

- ♥ Beobachte deine Gedanken, ohne sie zu bewerten. Zwischen 2 und 5 Minuten

- ♥ Schreibe dir selbst einen Brief mit positiven Gedanken

- ♥ Setzte dich einfach irgendwo in die Natur und genieße diese ganz bewusst – Zeit: solange du möchtest

- ♥ Höre 15 Minuten Musik und schließe dabei die Augen

- ♥ Koche dir selbst ein 3-Gänge-Menü und genieße es

- ♥ Mache einen Wellnesstag bei Dir zu Hause oder in einem Spa

Tag 22 - Morgens

Heute bin ich dankbar für:

Das würde ich heute gerne ganz bewusst tun:

Mein Energielevel von 1-10:

Mein Satz, der mich heute stärkt und voranbringt:

Tag 22 - Abends

Das war heute schön:

Ein Gefühl, dass ich heute gefühlt habe:

Dafür bin ich heute stolz auf mich:

Was bringt mich weiter:

Mit welchem Gefühl lasse ich den Tag ausklingen

so war mein Tag

54

Tag 23 - Morgens

Heute bin ich dankbar für:

Das würde ich heute gerne ganz bewusst tun:

Mein Energielevel von 1-10:

Mein Satz, der mich heute stärkt und voranbringt:

Tag 23 - Abends

Das war heute schön:

Ein Gefühl, dass ich heute gefühlt habe:

Dafür bin ich heute stolz auf mich:

Was bringt mich weiter:

Mit welchem Gefühl lasse ich den Tag ausklingen

so war mein Tag

Tag 24 - Morgens

Heute bin ich dankbar für:

Das würde ich heute gerne ganz bewusst tun:

Mein Energielevel von 1-10:

Mein Satz, der mich heute stärkt und voranbringt:

Tag 24 - Abends

Das war heute schön:

Ein Gefühl, dass ich heute gefühlt habe:

Dafür bin ich heute stolz auf mich:

Was bringt mich weiter:

Mit welchem Gefühl lasse ich den Tag ausklingen

so war mein Tag

Tag 25 - Morgens

Heute bin ich dankbar für:

Das würde ich heute gerne ganz bewusst tun:

Mein Energielevel von 1-10:

Mein Satz, der mich heute stärkt und voranbringt:

Tag 25 - Abends

Das war heute schön:

Ein Gefühl, dass ich heute gefühlt habe:

Dafür bin ich heute stolz auf mich:

Was bringt mich weiter:

Mit welchem Gefühl lasse ich den Tag ausklingen

so war mein Tag

Tag 26 - Morgens

Heute bin ich dankbar für:

Das würde ich heute gerne ganz bewusst tun:

Mein Energielevel von 1-10:

Mein Satz, der mich heute stärkt und voranbringt:

Tag 26 - Abends

Das war heute schön:

Ein Gefühl, dass ich heute gefühlt habe:

Dafür bin ich heute stolz auf mich:

Was bringt mich weiter:

Mit welchem Gefühl lasse ich den Tag ausklingen

so war mein Tag

Tag 27 - Morgens

Heute bin ich dankbar für:

Das würde ich heute gerne ganz bewusst tun:

Mein Energielevel von 1-10:

Mein Satz, der mich heute stärkt und voranbringt:

Tag 27 - Abends

Das war heute schön:

Ein Gefühl, dass ich heute gefühlt habe:

Dafür bin ich heute stolz auf mich:

Was bringt mich weiter:

Mit welchem Gefühl lasse ich den Tag ausklingen

so war mein Tag

Tag 28 - Morgens

Heute bin ich dankbar für:

Das würde ich heute gerne ganz bewusst tun:

Mein Energielevel von 1-10:

Mein Satz, der mich heute stärkt und voranbringt:

Tag 28 - Abends

Das war heute schön:

Ein Gefühl, dass ich heute gefühlt habe:

Dafür bin ich heute stolz auf mich:

Was bringt mich weiter:

Mit welchem Gefühl lasse ich den Tag ausklingen

so war mein Tag

Woche 4 gemeistert ___ GLÜCKWUNSCH

Beantworte 3 Fragen und hake sie ab:

♥ Was beschäftigt mich gerade und warum?

♥ Welche Gedanken rauben mir den Schlaf?

♥ Was tut mir gut und wie kann ich das öfters fühlen

♥ Wann habe ich mich zuletzt richtig lebendig gefühlt

♥ Wofür bin ich mir selbst dankbar

♥ Was möchte ich in meinem Leben pflegen und wie setze ich das um

Hier hast Du Platz für Deine Antworten

Tag 29 - Morgens

Heute bin ich dankbar für:

Das würde ich heute gerne ganz bewusst tun:

Mein Energielevel von 1-10:

Mein Satz, der mich heute stärkt und voranbringt:

Tag 29 - Abends

Das war heute schön:

Ein Gefühl, dass ich heute gefühlt habe:

Dafür bin ich heute stolz auf mich:

Was bringt mich weiter:

Mit welchem Gefühl lasse ich den Tag ausklingen

so war mein Tag

Tag 30 - Morgens

Heute bin ich dankbar für:

Das würde ich heute gerne ganz bewusst tun:

Mein Energielevel von 1-10:

Mein Satz, der mich heute stärkt und voranbringt:

Tag 30 - Abends

Das war heute schön:

Ein Gefühl, dass ich heute gefühlt habe:

Dafür bin ich heute stolz auf mich:

Was bringt mich weiter:

Mit welchem Gefühl lasse ich den Tag ausklingen

so war mein Tag

72

Herzlichen Glückwunsch

Du hast dir die Zeit genommen, dich selbst besser kennenzulernen und achtsam zu sein.

Das ist ein großer Schritt in die richtige Richtung für mehr Gelassenheit und innere Ruhe.

Du hast es bis hierher geschafft – das ist ein Grund stolz auf dich zu sein. Nimm dir einen Moment und feier dich selbst!

Erinnere dich immer daran:

Du bist genug.
Du bist stark.
Du bist auf dem richtigen Weg.

Ich bin froh, dass du dir diese Zeit geschenkt hast und ich ein Teil davon sein durfte.

Hier habe ich noch Atemübungen für dich vorbereitet.

4-6-8 Atmung

- ✔ Atme 4 Sekunden ein
- ✔ Halte den Atem 6 Sekunden
- ✔ Atme 8 Sekunden aus

Wiederhole das 5 Mal. Diese Übung beruhigt das Nervensystem und hat mir vor dem Schlafengehen geholfen, erholter einzuschlafen.

Quadrat Atmung / Box Atmung

- ✔ 4 Sekunden einatmen
- ✔ 4 Sekunden halten
- ✔ 4 Sekunden ausatmen
- ✔ 4 Sekunden halten

Diese Atmung hat mir in stressigen Situationen geholfen, wenn mal alles zu viel wurde. Oder einfach zwischendurch, um wieder klarer zu werden.

Über die Autorin:

Mein Name ist Ela Grieg. Ich habe drei Kinder. Zwei von Ihnen sind bereits ausgezogen und leben ihr eigenes Leben. Mein jüngster Sohn lebt noch bei mir – eine Zeit, die ich sehr genieße.

Früher, als wir noch zu viert waren, war ich ständig auf der Suche nach Ruhe und Zeit für mich. Das Leben für vier Menschen zu organisieren (jeder sein eigenes Hobby) war herausfordernd und kräftezehrend.

Mein Weg zu mir und zu diesem Buch wurde von einem besonderen Erlebnis geformt: Ein Autounfall und von heute auf morgen konnte ich nicht mehr wie ich wollte. War auf andere angewiesen.
Die Zeit der Ruhe und Reflexion hat mir geholfen, wieder Kraft zu schöpfen und bewusster zu leben.

Neben meinem Hauptberuf widme ich mich kreativen Projekten, die mir Freude und Inspiration schenken.

Ich würde mich freuen, wenn dieses Buch auch dir dabei hilft, Ruhe, Klarheit und Freude in dein Leben zu bringen.

Bleib neugierig, achtsam und offen für die kleinen Wunder des Alltags.

Ich wünsche dir von Herzen alles Liebe und viel Kraft auf deinem Weg

Herzliche Grüße

Ela